BEI GRIN MACHT SICH IHR WISSEN BEZAHLT

- Wir veröffentlichen Ihre Hausarbeit, Bachelor- und Masterarbeit

- Ihr eigenes eBook und Buch - weltweit in allen wichtigen Shops

- Verdienen Sie an jedem Verkauf

Jetzt bei www.GRIN.com hochladen und kostenlos publizieren

Sportanlagen- und Sportstättenmanagement

Sophia Hampe

Bibliografische Information der Deutschen Nationalbibliothek:

Die Deutsche Nationalbibliothek verzeichnet diese Publikation in der Deutschen Nationalbibliografie; detaillierte bibliografische Daten sind im Internet über http://dnb.d-nb.de abrufbar.

ISBN: 9783346929037
Dieses Buch ist auch als E-Book erhältlich.

Druck und Bindung: Books on Demand GmbH, Norderstedt Germany
Gedruckt auf säurefreiem Papier aus verantwortungsvollen Quellen

Das vorliegende Werk wurde sorgfältig erarbeitet. Dennoch übernehmen Autoren und Verlag für die Richtigkeit von Angaben, Hinweisen, Links und Ratschlägen sowie eventuelle Druckfehler keine Haftung.

Das Buch bei GRIN: https://www.grin.com/document/1381900

Deutsche Hochschule für
Prävention und Gesundheitsmanagement
Hermann-Neuberger-Sportschule 3
66123 Saarbrücken

Name, Vorname	Hampe, Sophia
Studiengang	Sportökonomie
Studienmodul	Sportanlagen- und Sportstättenmanagement
Datum Präsenzphase (siehe Ergebnisdokumentation)	11.04. – 13.04.2023
Aufgabe	Sportanlagen- und Sportstättenbau, kommunale Sportentwicklungsplanung, Finanzierung und Betrieb sowie digitale Vermarktung von Sportanlagen

Inhaltsverzeichnis

1 Sportanlagen und Sportstättenbau

Im Folgenden soll der Bau einer Sportstätte mithilfe eines PLANNET-Diagramms sowie der Netzplantechnik dargestellt werden. Dafür müssen zunächst die einzelnen Projektvorgänge in eine logische Reihenfolge gebracht werden.

Tab. 1: Projektphasen eines Sportstättenbaus

Vorgang	Zeitbedarf	Vorgänger	Nachfolger
A Markt- und Bedarfsanalyse	2	-	B
B Standortwahl	1	A	D
C Sportverhaltens- und Nutzeranalyse	3	A	D
D Raumprogramm und Funktionsanalyse	1	B,C	E
E Konzeptualisierung mit Kostenschätzung und Betriebskostenanalyse	4	D	F
F Machbarkeit und Finanzierung klären	6	E	G
G Planung und Festlegung der Baudetails	8	F	H
H Realisisierung des Baus	14	G	I
I Betrieb der Sporthalle	>12	H	-

Das PLANNET-Diagramm ist eine Balkendiagrammtechnik, bei der jeder Vorgang des Projektmanagements einen zeitlichen Balken erhält. Dabei können zeitliche Verknüpfungen sowie terminliche Abhängigkeiten der einzelnen Projektvorgänge dargestellt werden.

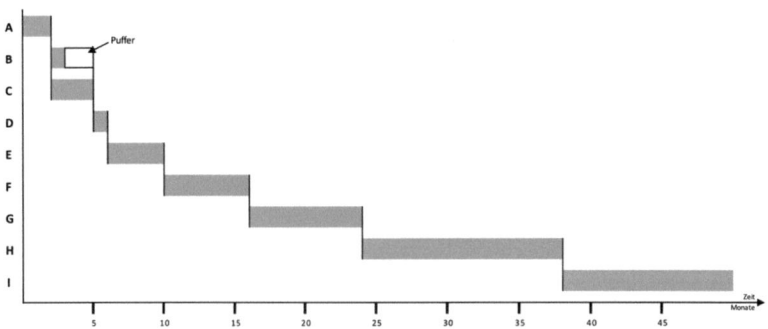

Abb. 1: PLANNET-Diagramm des Sportstättenbaus (eigene Darstellung)

2

Die Netzplantechnik umfasst Verfahren zur Planung, Steuerung und Ablaufkontrolle komplexer Projekte mit einer größeren Anzahl auszuführender Arbeitsgänge (Wöhe & Döring, 2005, S. 127).

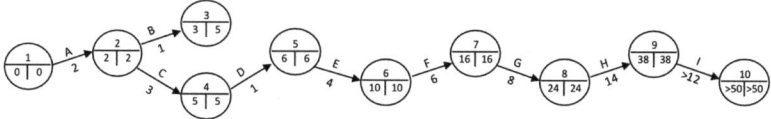

Abb. 2: Netzplantechnik des Sportstättenbaus (eigene Darstellung)

Anhand des PLANNET-Diagramms und des Netzplans ist zu erkennen, dass die Sportanlage frühestens nach 38 Monaten in Betrieb genommen werden kann.

2 Kommunale Sportentwicklungsplanung

2.1 Grundformel zur Berechnung des Sportstättenbedarfs

$$\frac{\text{Sportbedarf (Sportler x Häufigkeit x Dauer) x Zuordnungsfaktor}}{\text{Belegungsdichte x Nutzungsdauer x Auslastungsfaktor}} = \text{Sportstättenbedarf}$$

Abb. 3: Formel zur Berechnung des Sportstättenbedarfs (Hübner & Wulf, 2015, S. 11)

Der Sportbedarf setzt sich aus den Sportlern, der Häufigkeit und Dauer zusammen. Zu den Sportlern zählen alle Personen der Bevölkerug, welche die Sportanlage nutzen wollen. Die Häufigkeit gibt die Trainingseinheiten pro Woche an und die Dauer beschreibt die durchschnittliche Zeitspanne pro Einheit.

Der Zuordnungsfaktor stellt den Anteil der Sportaktivitäten einer Sportart innerhalb der Sportanlage dar.

Die Anzahl der Sportler einer Sportart, die gleichzeitig auf einer Sportanlage Sport ausüben können, wird als Belegungsdichte definiert.

Mit der Nutzungsdauer wird der zeitliche Umfang zur Nutzung einer Sportanlage für Sportzwecke pro Woche angegeben.

Der Auslastungsfaktor stellt das Verhältnis zwischen tatsächlicher und maximaler Auslastung einer Sportanlage dar.

2.2 Berechnung des Sportstättenbedarfs

Tab. 2: Daten der Stadt Mannheim

Sportler	Häufigkeit/ Woche	Dauer (Std./Einheit)	Zuordnungs- faktor	Sportstät- tenbedarf	Belegungs- dichte	Nutzungsdauer (Std./Woche)
24000	1,5	1,8	0,5	70	25	30

Der Sportbedarf ergibt sich aus den Parametern Sportler x Häufigkeit x Dauer, also wie folgt: 24000 x 1,5 x 1,8 = 64800.

Der Auslastungsfaktor wird berechnet, indem die Grundformel, dargestellt in Aufgabe 2.1, wie folgt umgestellt wird:

Berechnung des Auslastungsfaktors x

$$\frac{(24000 * 1,5 * 1,8) * 0,5}{25 * 30 * x} = 70$$

$$\frac{(24000 * 1,5 * 1,8) \times 0,5}{25 * 30 * 70} = x$$

$$\frac{32400}{52500} = 0,617$$

$$\boxed{x = 0,617}$$

Abb. 4: Berechnung des Auslastungsfaktor (eigene Darstellung)

4

2.3 Förderinteressenten

„Während die Bundesregierung ausschließlich den Breitensport fördert, besitzen die Bundesländer und Kommunen lediglich Förderinteressen am Spitzensport."

Die Förderung des Spitzensports durch die Bundesregierung wird durch das Interesse an einer
angemessenen Repräsentation der Bundesrepublik Deutschland im In-und Ausland bestimmt
(Bundesministerium des Innern und für Heimat, 2023).

Die Bundesregierung fördert den Spitzensport, um Deutschland international zu präsentieren
und „eine Spitzenposition im internationalen Sport zu sichern" („Förderung des Spitzensports",
n. d.). Außerdem soll durch die SpitzensportlerInnen zum Ausdruck gebracht werden, dass der
Sport ein wichtiges Anliegen für die Bundesregierung darstellt.

Der Breitensport wird bundesseitig nicht gefördert. Die einzige Ausnahme stellt der „goldene
Plan Ost" dar, welcher nach Wiedervereinigung die Erweiterung und den Umbau von Sport-
stätten in den neuen Bundesländern förderte.

Die Förderung des Breitensports wird von Kommunen und Ländern wahrgenommen.
Darunter versteht man den Freizeitsport von Alt und Jung, den Schulsport, aber auch den Be-
hindertensport.

Bei den Zielen der Länder geht es vor allem um den Erhalt und Ausbau kommunaler Sportstät-
ten, die Unterstützung von Sportvereinen- und Verbänden bei außerschulischen Sportangeboten
sowie die Förderung von Investitionsvorhaben zum Bau von Sport-, Spiel- und Freizeitanlagen
(Partecke, Pundt & Groß, 2013a, S. 10–11). Damit soll vor allem die Entwicklung der Bewe-
gung, der sozialen Kopmpetenz und der Gesundheit gestärkt werden.

3   Finanzierung und Betrieb von Sportanlagen

3.1   Investition und Finanzierung

Der TV Niederensingen realisierte im Jahr 2015 in Zusammenarbeit mit der Kommune den
Neubau einer Dreifachsporthalle. In dieser Teilaufgabe soll der Kapitalwert sowie die Barwerte
der Investition mit einer Laufzeit von 5 Jahren bei einer Kapitalverzinsung vo 12% berechnet
werden.

Im ersten Schritt werden die Brutto-Mehreinnahmen von 60.000€ in Netto umgerechnet:

60.000€ / 1,19 = 50.420,17€.

Da die Einnahmen annahmegemäß jährlich um 15% steigen, werden diese im nächsten Schritt mit dem Faktor 1,15 multipliziert:

Tab. 3: Aufstellung Mehreinnahmen (eigene Darstellung)

Jahr	Erhöhung um 15%	Einnahmen gesamt
1		50.420,17€
2	7.563,03€	57.983,20€
3	8.697,48€	66.680,68€
4	10.002,10€	76.682,78€
5	11.502,42€	88.185,20€

Die Betriebs- und Instandhaltungskosten steigen schätzungsweise in den nächsten 5 Jahren von 100.000€ jährlich um 3% an. Die folgende Tabelle zeigt eine Aufstellung dieser Kosten.

Tab. 4: Aufstellung Betriebs- und Instandhaltungskosten (eigen Darstellung)

Jahr	Erhöhung um 3%	Kosten gesamt
1		100.000,00€
2	3.000,00€	103.000,00€
3	3.090,00€	106.090,00€
4	3.182,70€	109.272,70€
5	3.278,18€	112.550,88€

Außerdem erhält der Verein jährlich 12.000€ von der Kommune für den Schulsport.

Mit Hilfe des Abzinsungsfaktors wird nun aus der Differenz von Einnahmen und Ausgaben der jeweilige Barwert berechnet:

Tab. 5: Berechnung der Barwerte (eigene Darstellung)

Jahr (n)	Einnahmen	Ausgaben	Endwert (Einnahmen-Ausgaben)	Abzinsungsfaktor $(1+0{,}12)^{-n}$	Barwert (Endwert/$1{,}12^n$)
1	62.420,17€	100.000,00€	-37.579,83€	0,892857143	-33.553,42€
2	69.983,20€	103.000,00€	-33.016,80 €	0,797193878	-26.320,79€
3	78.680,68€	106.090,00€	-27.409,32 €	0,711780248	-19.509,41€
4	88.682,78€	109.272,70€	-20.589,92 €	0,635518078	-13.085,27€
5	100.185,20€	112.550,88€	-12.365,68 €	0,567426856	-7.016,62€
					-99.485,51€

Der Kapitalwert wird nun berechnet, indem die Anschaffungsauszahlung von der Summe der Barwerte abgezogen wird:

Kapitalwert = - Anschaffungsauszahlung + (Barwerte Einzahlungen – Barwerte Auszahlungen)

Kapitalwert = - 3.000.000€ + (-99.485,51€) = - 3.099.485,51€

Da der Kapitalwert negativ ist,

3.2 Auslastungsanalyse einer Sportanlage

Tab. 6: Belegungsplan einer Sportanlage (eigene Darstellung)

Belegungs-zeitraum	Belegung			
			Belegungsdichte	
	Stunden	Sportart	Ist	Soll
Montag 17:00 - 18:30	1,5	Handball	14	12
Dienstag 20:00 - 21:30	1,5	Keine Belegung	-	15
Mittwoch 19:00 – 21:30	2,5	Basketball	15	20
Donnerstag 20:00 – 22:00	2	Fußball	18	15
Freitag 19:00 – 20:00	1	Badminton	5	15
Maximale Nutzungskapazität: 83%				

Tab. 7: Kennzahlen einer Sportanlage bei aktuellem Belegungsplan (eigene Darstellung)

Ist-Nutzungsdauer (Std/Wo)	7
Soll-Nutzungsdauer (Std/Wo)	8,5
Ist-Sportler (Spo)	52
Soll-Sportler (Spo)	77
Ist-Sportlerstunden insgesamt (Spo x Std/Wo)	99,5
Soll-Sportlerstunden insgesamt (Spo x Std/Wo)	135,5
Auslastung in %	73,43%
Kapazitätsreserve	9,57%

3.3 Auslastungsoptimierung

Um die Kapazitätsreserve zu senken und somit die Auslastung zu optimieren, sollten folgende Änderungen im Belegungsplan vorgenommen werden:

Tab. 8: Optimierter Belegungsplan einer Sportanlage (eigene Darstellung)

Belegungs-zeitraum	Belegung			
	Stunden	Sportart	Belegungsdichte	
			Ist	Soll
Montag 17:00 - 18:30	1,5	Badminton	5	12
Dienstag 20:00 - 21:30	1,5	Handball	14	15
Mittwoch 19:00 – 21:30	2,5	Fußball	18	20
Donnerstag 20:00 – 22:00	2	Basketball	15	15
Freitag 19:00 – 20:00	1	Keine Belegung	-	15
Maximale Nutzungskapazität: 83%				

Tab. 9: Kennzahlen einer Sportanlage bei optimiertem Belegungsplan (eigene Darstellung)

Ist-Nutzungsdauer (Std/Wo)	7,5
Soll-Nutzungsdauer (Std/Wo)	8,5
Ist-Sportler (Spo)	52
Soll-Sportler (Spo)	77
Ist-Sportlerstunden insgesamt (Spo x Std/Wo)	104
Soll-Sportlerstunden insgesamt (Spo x Std/Wo)	135,5
Auslastung in %	76,75%
Kapazitätsreserve	6,25%

Die Änderungen im Belegungsplan führen dazu, dass die Auslastung um mehr als drei Prozent steigt und die Kapazitätsreserve sinkt. Sporthallen sollten eine Auslastung von 75-80% aufweisen. Mit 76,75% befindet sich die Auslastung also nun im Optimalbereich.

3.4 Nachhaltigkeit von Sportorganisationen

Nachhaltigkeit wird im modernen Verständnis in dir drei Säulen „Ökologie", „Ökonomie" und „Soziales" unterteilt.

Die ökologische Nachhaltigkeit zielt darauf ab, das ökologische System zu erhalten. Dabei geht es um die Verantwortung im Bereich Klima, Ressourcenknappheit, Wasser und Artenvielfalt. Die Einbindung dieser Säule ist in Unternehmen selten anzufinden.

Die ökonomische Nachhaltigkeit zielt auf eine ständige Verbesserung der Wirtschaftlichkeit und die Erhaltung und Steigerung der Leistungsfähigkeit ab. Sie soll den Wohlstand der Menschen steigern und langfristig sichern. Risikomanagement, Compliance sowie Korruption fallen unter diese Säule.

Bei der sozialen Nachhaltigkeit steht der Mensch im Mittelpunkt. Dabei geht es um einen gerechten Zugang zu Grundgütern und der Gewährleistung von Verwirklichungschancen. Vor allem sozial schwache Gruppen oder Individuen stehen hier im Fokus.

Als erste Maßnahme möchte der Verein die CO2-Emission durch Auto fahren verringern. Vereinsmitglieder sollen dazu motiviert werden öffentliche Verkehrsmittel oder das Fahrrad zu nutzen. Dazu werden mit dem örtlichen Nahverkehr Rabatte für Vereinsmitglieder ausgehandelt. Für die (E-)Fahrräder werden überdachte Abstellplätze sowie Ladestationen bereitgestellt. Außerdem werden Fahrgemeinschaften zum Training und zu anderen Events gebildet.

Als weitere Maßnahme wird eine Photovoltaik-Anlage auf dem Dach der vereinseigenen Sporthalle zur eigenen Energiegewinnung erbaut. Überschüssiger Strom wird dabei eingespeist und dient zum Einen für den Eigenbedarf zum Anderen wird er in das öffentliche Netz eingespeist. Die daraus entstehenden Mehreinnahmen dienen dem Verein.

Als letzte Maßnahme wird an Spiel- und Wettkampftagen des Vereins auf Einwegbecher sowie -geschirr verzichtet, um den Plastikmüll zu reduzieren. Die Mitglieder werden darum gebteten, an diesen Tagen eigene Becher mitzubringen. Außerdem werden Mehrwegbecher vom Verein angeboten, wofür zwei Euro Pfand eingenommen werden. Diese Becher können dann nach Abgabe gespült und für das nächste Event wiederverwendet werden.

4 Digitale Vermarktung von Sportanlagen und Sportstätten

Möglichkeit	Mehrwert Betreiber	Mehrwert Fans	Mehrwert Sponsoren
App	• Ticketverwaltung (Einspar-potential • Umsätze durch werbliche Einbindung	• Informationen über den	•
virtuelle Werbung	• „größere" Sponsoren • Mehreinnahmen aufgrund von mehr Sponsoren	• werden beim Spiel nicht von Werbung gestört	• spezialisiert auf Ziel-gruppe
Catering App	• weniger Arbeit • Einsparung an Personal • Mehreinnahmen	• bequem • keine langen Schlan-gen • benötigt kein Bargeld	• können Werbung in App platzieren
Wlan im Stadion	• Daten und Nutzunhgsverhal-ten der Zuschauer werden ausgewertet und analysiert • führt zu Weiternentwicklung der Leistung	• Austausch • Nachrichten posten • Situationen nochmal anschauen	• Werbung schalten

Möglichkeit	Mehrwert Betreiber	Mehrwert Fans	Mehrwert Sponsoren
WLAN im Stadion	• Analyse Daten und Nutzungsverhalten • Wieterentwicklung der Leistung	• Austausch • Nachrichten posten • Situationen erneut an-schauen	• Werbeplazierung • Spezialisiertes Marke-ting
Catering App	• Mehreinnahmen • Einsparung Personal & Kosten	• Bequem • Keine langen Schlan-gen • Bargeldloses Bezahlen	• Werbeanzeigen plat-zieren
virtuelle Werbung	• •	• •	• •

Im digitalen Zeitalter ist es für jeden Verein wichtig digitale Marketingangebote zu entwickeln, um mit der Konkurrenz mithalten zu können und den Mitgliedern ein bestmögliches Erlebnis zu generieren.

Um zunächst eine Grundlage, auch für die weiteren Marketingangebote, zu schaffen, wird in der eigenen Sportanlage ein WLAN-Netzwerk ausgebaut. Dies führt dazu, dass Fans sich während den Spielen untereinander austauschen, Nachrichten posten sowie Situationen des Spiels noch einmal anschauen können. Dieses utzungsvehalten und die Daten können dann von dem

Betreiber analysiert und zur Weiterentwicklung der Leistung in Zukunft genutzt werden (Pundt, Partecke & Pauer, 2014, S. 57).

Nach Anmeldung in das WLAN-Netzwerk wird der Fan auf die Startseite des Vereins weitergeleitet. Dabei können Sponsoren auf dieser Startseite Werbung platzieren. Eine weitere Möglichkeit besteht darin, die Fans nach Anmeldung in das WLAN-Netzwerk auf eine Landingpage weiterzuleiten. Diese Landingpage geht speziell auf die Bedürfnisse der Zielgruppe ein und stellt somit eine optimierte Marketingmaßnahme dar.

Eine weitere Möglichkeit ist die Entwicklung einer Catering-App. Über diese App können Fans während dem Stadionbesuch Getränke und Snacks bestellen und bezahlen. Oft stellt das lange Anstehen in der Schlange eine Hürde dar, weshalb die Fans darauf verzichten etwas zu kaufen. Diese Hürde wird mit der Einführung der App umgangen, was dem Verein höhere Einnahmen einbringt. Immer weniger Menschen tragen Bargeld bei sich, weshalb das Bezahlen per App ebenfalls einen Mehrwert für die Fans darstellt.

Die App erleichert vor allem die Arbeit für das Stadionpersonal, da diese gezielter eingesetzt werden können. Damit kann der Verein Personal und somit Kosten einsparen.

Sponsoren können ebenfalls von der App profitieren, indem sie darin Werbeanzeigen platzieren.

Mit virtueller Werbung werden LED-Banden digital überblendet werden. Diese Werbung ist im Stadion nicht zu sehen und kann

5   Literaturverzeichnis

Förderung des Spitzensports. (n. d.). *Bundesministerium des Innern und für Heimat*. Zugriff am 18.4.2023. Verfügbar unter: https://www.bmi.bund.de/DE/themen/sport/nationale-sportpolitik/foerderung-spitzensport/foerderung-spitzensport-node.html;jsessionid=CEDB7C72B23E20A0F0CFFC130E8085E2.2_cid332

Hübner, H. & Wulf, O. (n. d.). Sportstättennachfrage und Sportstättenangebot für den Fußballsport in Münster.

Bundesministerium des Innern und für Heimat. (2023). *Nationale Sportpolitik*. Zugriff am 18.4.2023. Verfügbar unter: https://www.bmi.bund.de/DE/themen/sport/nationale-sportpolitik/nationale-sportpolitik-node.html;jsessionid=6D42C5D4B1EAA5CEA219F1F65D1FE507.2_cid332

Wöhe, G. & Döring, U. (2005). *Einführung in die Allgemeine Betriebswirtschaftslehre* (22., neubearbeitete Aufl.). München: Vahlen.

Partecke, I., Pundt, G. & Groß, A. (2013). Sportstätten-Förderprogramme: Bundesländer. *Stadionwelt* (Juli), 10–13.

Pundt, G., Partecke, I. & Pauer, C. (2014h). Wireless LAN im Stadion als Basis für einen einzigartiges FAN-Erlebnis. Stadionweltinside (1), 57.

6   Abbildungs- und Tabellenverzeichnis

6.1   Abbildungsverzeichnis

6.2   Tabellenverzeichnis